عالَمُ كُرَةِ القَدَم

بِقلم: دانيال نان

تصوير: تيم بلات

Collins

كُلُّنا نَلْعَبُ كُرَةَ القَدَم.

نَحْتاجُ إلى مَلْعَبٍ لِنَلْعَبَ كُرَةَ القَدَم.

مَلْعَب

نَحْتاجُ إلى كُرَةٍ لِنَلْعَبَ كُرَةَ القَدَم.

كُرَة

نَحْتاجُ إلى مَرْمًى لِنَلْعَبَ كُرَةَ القَدَم.

مَرْمًى

نَحْتاجُ إلى صَفّارَةٍ لِنَلْعَبَ كُرَةَ القَدَم.

صَفَّارَة

نَحْتاجُ إلى فَريقٍ لِنَلْعَبَ كُرَةَ القَدَم.

فَريق

كُرَةُ القَدَم

مَرْمًى

مَلْعَب

كُرَة

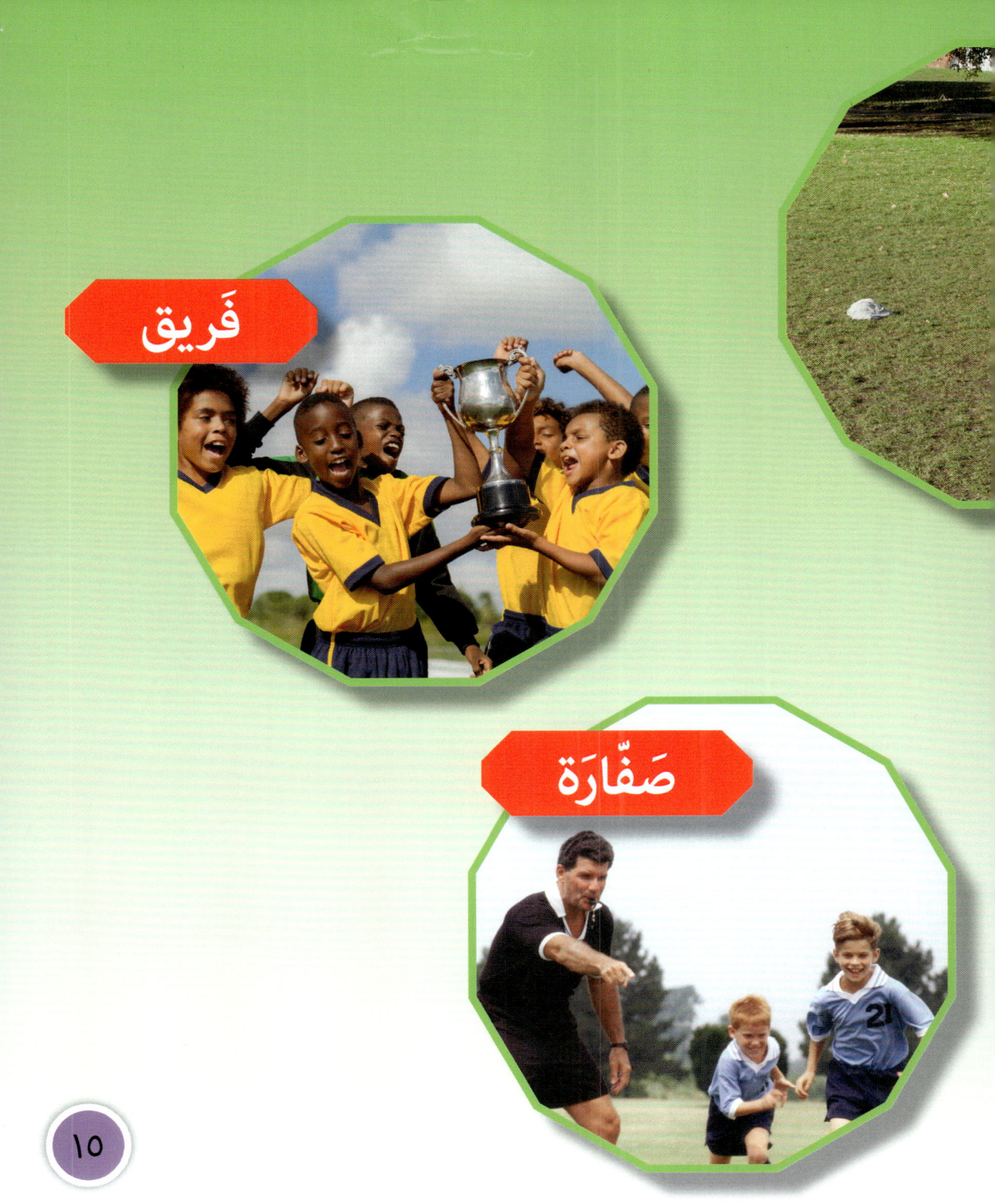

أفكار واقتراحات

الأهداف:
- قراءة النصّ بسلاسة.
- التعرّف على "الجُذور".
- التعرّف على الأفعال البسيطة في صيغة ضمير المتكلّم للجمع "نحن".

روابط مع الموادّ التعليميّة ذات الصلة:
- مبادئ التعاون.
- الالتزام بالقواعد والقوانين.

مفردات شائعة في العربيّة: إلى، كرة، فريق

مفردات جديرة بالانتباه: نحتاج، نلعب، ملعب، كرة القدم، عالَم

عدد الكلمات: ٤٤

الأدوات: لوح أبيض، ورق، أقلام رسم وتلوين، انترنت

قبل القراءة:

- انظروا إلى صورة الولدَين على الغلاف الخارجيّ الأماميّ. ماذا يفعلان؟ صفوا الصورة.
- هيّا نقرأ العنوان معًا.
- كيف تختلف صورة الغلاف الخارجيّ الأماميّ عن صورة الغلاف الخارجيّ الخلفيّ؟
- هذه اللعبة هي "كرة القدم". هل هناك ألعاب أخرى اسمها مشابه؟ (كرة السلّة/الكرة الطائرة/كرة اليد/الخ).
- هيّا بنا نجلس في مجموعات (٣/٢)، ونقرأ الكتاب معًا.